APOLOGIA de SÓCRATES

CB123330

O livro é a porta que se abre para a realização do homem.

Jair Lot Vieira

Platão

APOLOGIA de SÓCRATES

Tradução, apresentação e notas: Edson Bini

Estudou filosofia na Faculdade de Filosofia,
Letras e Ciências Humanas da USP.
É tradutor há mais de 40 anos.

edipro

Copyright da tradução e desta edição © 2019 by Edipro Edições Profissionais Ltda.

Todos os direitos reservados. Nenhuma parte deste livro poderá ser reproduzida ou transmitida de qualquer forma ou por quaisquer meios, eletrônicos ou mecânicos, incluindo fotocópia, gravação ou qualquer sistema de armazenamento e recuperação de informações, sem permissão por escrito do editor.

Grafia conforme o novo Acordo Ortográfico da Língua Portuguesa.

3ª edição, 3ª reimpressão 2025.

Editores: Jair Lot Vieira e Maíra Lot Vieira Micales
Coordenação editorial: Fernanda Godoy Tarcinalli
Editoração: Alexandre Rudyard Benevides
Revisão: Francimeire Leme Coelho
Arte: Karine Moreto de Almeida

Dados Internacionais de Catalogação na Publicação (CIP)
(Câmara Brasileira do Livro, SP, Brasil)

Platão (427?-347? a.C.)

Apologia de Sócrates / Platão ; tradução de Edson Bini. 3. ed. – São Paulo: Edipro, 2019. (Série Clássicos Edipro)

Título original: Ἀπολογία Σωκράτους

ISBN 978-85-521-0066-9

1. Filosofia antiga. I. Bini, Edson. II. Título III. Série.

11-05384 CDU-184

Índices para catálogo sistemático:
1. Filosofia platônica : 184
2. Platão : Filosofia : 184

EDITORA AFILIADA

edipro

São Paulo: (11) 3107-7050 • Bauru: (14) 3234-4121
www.edipro.com.br • edipro@edipro.com.br
@editoraedipro @editoraedipro

SUMÁRIO

APRESENTAÇÃO

A *Apologia de Sócrates* de Platão é o registro de uma das defesas mais famosas e polêmicas da história do Direito e da Justiça ocidentais. Paralelamente, trata-se de uma pequena obra-prima literária de um dos assistentes dessa defesa: Platão, um dos discípulos de Sócrates.

Platão reproduz essa defesa estruturando seu texto em quatro partes:

1ª) o acusado dirige-se ao júri referindo-se às pessoas de seus acusadores e às acusações feitas à sua pessoa (ação pública envolvendo os crimes de sedução da juventude e impiedade e, portanto, uma ação instaurada junto ao arconte-rei);

2ª) o acusado dirige-se ao principal acusador, ou seja, Meleto;

3ª) o acusado, já ciente de que foi julgado culpado e condenado à morte, dirige-se outra vez ao júri;

4ª) diante da recusa do júri quanto a aceitar a substituição da pena de morte pela multa de 30 *minas*, o acusado dirige-se uma última vez aos jurados, porém primeiro aos que o condenaram à morte, depois aos que o absolveram.

É certamente com muita facilidade que bilhões de leitores ao longo de mais de 24 séculos apreenderam a mensagem dessa defesa e se comoveram com ela.

O conteúdo da *Apologia* é flagrantemente atípico e original, beirando ao inusitado, a comparar com os usuais discursos de defesa proferidos na democrática Atenas de então, muitas vezes pelos habilidosos sofistas, que atuavam como defensores.

Sócrates, como sempre afável, tranquilo e manifestando total respeito à corte, executa sua defesa dispensando cabalmente qualquer artifício ou efeito retórico. Limita-se a expor, com absoluta transparência e clareza, em linguagem simples e destituída quer de floreios, quer de erudição, certos eventos e incidentes de sua vida que expressam sua conduta com concidadãos de idades variadas (inclusive, é claro, jovens).

Contesta a acusação de sedução da juventude que, nós, atualmente, não devemos confundir com corrupção de menores via, por exemplo, prática sexual prematura ilegal ou pedofilia.

A sedução dos jovens, naquele caso, diz respeito a uma possível influência de Sócrates nos seus discípulos jovens (que constituíam a maioria) no sentido de afastá-los ou mesmo fazê-los romper com a educação e os valores tradicionais e vigentes em Atenas a eles proporcionados por seus pais e estirpes.

Nesse contexto, a soma das acusações de sedução da juventude e impiedade é facilmente compreensível. A impiedade (*asebeia*) era precisamente a ação de desrespeitar os pais ou os deuses do Estado.

Sócrates, inclusive apontando membros que assistem à sua defesa, dará a entender que não seduziu a jovem algum e que sempre foi assíduo cumpridor dos ritos religiosos domésticos e públicos. Entretanto, não negará a intervenção de seu *dáimon* em sua vida!

Na verdade, a crítica contundente de Sócrates que emerge de seu discurso, tal como o julgamento que o levou à morte, são de natureza essencialmente política. Como filósofo, ele convivia com discípulos, principalmente jovens, muitos dos quais – eis aqui o ponto nevrálgico – seriam políticos em Atenas, como Crítias e Alcibíades. Sua influência indiscutível não ocorria, obviamente, apenas nos estreitos limites da individualidade dos seus ouvintes e interlocutores, mas principalmente nos indivíduos como cidadãos, isto é, agentes e partícipes da democracia ateniense.

A crítica inarredável de Sócrates (que curiosamente é o que mais importa para ele em sua defesa, e não a defesa propriamente dita e sua salvação da morte!) é às instituições estabelecidas e consolidadas do Estado ateniense, e ante a incorruptibilidade e a não retratação de um Sócrates fiel aos seus princípios, só resta ao poder político ateniense matá-lo legal e institucionalmente.

Meleto, Lico e Anito foram somente os instrumentos desse assassinato oficial, mesmo porque eram típicos partidários do sistema político em vigor.

DADOS BIOGRÁFICOS

Em rigor, pouco se sabe de absolutamente certo sobre a vida de *Platão.*

Platão de Atenas (seu verdadeiro nome era Aristocles) viveu aproximadamente entre 427 e 347 a.C. De linhagem ilustre e membro de uma rica família da Messênia (descendente de Codro e de Sólon), usufruiu da educação e das facilidades que o dinheiro e o prestígio de uma respeitada família aristocrática propiciavam.

Seu interesse pela filosofia se manifestou cedo, e tudo indica que foi motivado particularmente por *Heráclito de Éfeso*, chamado *O Obscuro*, que floresceu pelo fim do século VI a.C.

É bastante provável que, durante toda a juventude e até os 42 anos, tenha se enfronhado profundamente no pensamento pré-socrático – sendo discípulo de Heráclito, Crátilo, Euclides de Megara (por meio de quem conheceu as ideias de Parmênides de Eleia) – e, muito especialmente, na filosofia da Escola itálica: as doutrinas pitagóricas [mormente a teoria do número (ἀριθμός - *arithmós*) e a doutrina da transmigração da alma (μετεμψύχωσις - *metempsýkhosis*] exercerão marcante influência no desenvolvimento de seu próprio pensamento, influência essa visível mesmo na estruturação mais madura e tardia do platonismo original, como se pode depreender dos últimos diálogos, inclusive *As Leis*.

Entretanto, é inegável que o encontro com Sócrates, sua antítese socioeconômica (Sócrates de Atenas pertencia a uma família modesta de artesãos), na efervescência cultural de então, representou o clímax de seu aprendizado, adicionando o ingrediente definitivo ao cadinho do qual emergiria o corpo de pensamento independente e original de um filósofo que, ao lado de Aristóteles, jamais deixou de iluminar a humanidade ao longo de quase 24 séculos.

Em 385 a.C., Platão, apoiado (inclusive financeiramente) pelos amigos, estabeleceu sua própria Escola no horto de *Academos* (Ἀκαδήμεια), para onde começaram a afluir os intelectos mais brilhantes e promissores da Grécia, entre eles Aristóteles de Estagira, que chegou a Atenas em 367 com 18 anos.

É provável que, logo após a autoexecução de seu mestre (399), Platão, cujos sentimentos naqueles instantes cruciais não nos é possível perscrutar, tenha se ausentado de Atenas, e mesmo da Grécia, por um período que não podemos precisar. Teria visitado o Egito e a Sicília; de fato ele demonstra em alguns de seus diálogos, mais conspicuamente em *As Leis*, que conhecia costumes e leis vigentes no Egito na sua época.

Não é provável, contudo, que demorasse no estrangeiro dada a importância que atribuía à Academia, à atividade que ali desempenhava e que exigia sua presença. Ademais, suas viagens ao exterior seguramente não visavam exatamente ao lazer: Platão buscava o conhecimento, e se algum dia classificou os egípcios como *bárbaros*, por certo o fez com muitas reservas.

Diferentemente de seu velho mestre, Platão, que devia portar-se como um cidadão exemplar apesar de sua oposição inarredável à democracia ateniense, jamais se indispôs com os membros proeminentes do Estado ateniense; nesse sentido, sua prudência e postura de não envolvimento são proverbiais, o que se causa certo espanto por partir de um dos primeiros teóricos do Estado comunista governado por *reis-filósofos* (como constatamos em *A República*) e do Estado socialista (*As Leis*), que ainda retém características de centralização do poder no Estado, parecerá bastante compreensível em um pensador que, à medida que amadurecia sua reflexão política, mais se revelava um conservador, declaradamente não afeito a transformações políticas; para Platão, nada é mais suspeito e imprevisível do que as consequências de uma insurreição ou revolução. Outrossim, não devemos esquecer que Platão pertencia, ele próprio, à classe abastada e aristocrática de Atenas, posição que aparentemente não o incomodava em absoluto e até se preocupava em preservar.

Platão morreu aos 80 ou 81 anos, provavelmente em 347 a.C. - *dizem* - serenamente, quase que em continuidade a um sono tranquilo... θάνατος (*Thánatos*), na mitologia, é irmão de ὕπνος (*Hýpnos*).

CRONOLOGIA

Esta é uma cronologia parcial. Todas as datas são a.C., e a maioria, aproximativas. Os eventos de relevância artística (relacionados à escultura, ao teatro etc.) não constam nesta Cronologia. O texto em itálico destaca alguns eventos marcantes da história da filosofia grega.

530 - *Pitágoras de Samos funda uma confraria místico-religiosa em Crotona.*

500 - *Heráclito de Éfeso floresce na Ásia Menor.*

490 - Os atenienses derrotam os persas em Maratona.

481 - Lideradas por Esparta, as cidades-Estado gregas se unem para combater os persas.

480 - Os gregos são duramente derrotados nas Termópilas pelos persas, e a acrópole é destruída.

480 - Os gregos se sagram vencedores em Salamina e Artemísio.

479 - Com a vitória dos gregos nas batalhas de Plateia e Micale, finda a guerra contra os persas.

478-477 – Diante da nova ameaça persa, Atenas dirige uma nova confederação dos Estados gregos: a "Liga Délia".

468 – A esquadra persa é derrotada.

462 – *Chegada do pré-socrático Anaxágoras a Atenas.*

462-461 – Péricles e Efialtes promovem a democracia em Atenas.

460 – Nascimento de Hipócrates.

457 – Atenas se apodera da Beócia.

456 – Finda a construção do templo de Zeus, em Olímpia.

454-453 – O poder de Atenas aumenta grandemente em relação aos demais Estados gregos.

447 – Início da construção do Partenon.

445 – Celebrada a Declaração da "Paz dos Trinta" entre Atenas e Esparta.

444 – *O sofista Protágoras produz uma legislação para a nova colônia de Túrio.*

431 – Inicia-se a Guerra do Peloponeso entre Atenas e Esparta.

429 – Morte de Péricles.

427 – *Nascimento de Platão em Atenas.*

424 – Tucídides, o historiador, é nomeado general de Atenas.

422 – Os atenienses são derrotados em Anfípolis, na Trácia.

421 – Celebrada a paz entre Atenas e Esparta.

419 – Atenas reinicia guerra contra Esparta.

418 – Os atenienses são vencidos pelos espartanos na batalha de Mantineia.

413 – Os atenienses são derrotados na batalha naval de Siracusa.

405 – Nova derrota dos atenienses em Egospótamos, na Trácia.

404 – Rendição de Atenas à Esparta.

401 – Xenofonte comanda a retirada de Cunaxa.

399 – *Morte de Sócrates.*

385 – *Criação da Escola de Platão, a Academia.*

384 – *Nascimento de Aristóteles em Estagira.*

382 – Após guerras intermitentes e esporádicas contra outros Estados gregos e os persas, de 404 a 371, Esparta se apossa da cidadela de Tebas.

378 – É celebrada a aliança entre Tebas e Esparta.

367 – *Chegada a Atenas de Aristóteles de Estagira.*

359 – Ascensão de Filipe II ao trono da Macedônia e início de suas guerras de conquista e expansão.

351 – Demóstenes adverte os atenienses a respeito do perigo representado por Filipe da Macedônia.

347 – *Morte de Platão.*

343 – Aristóteles se torna preceptor de Alexandre.

338 – Derrota de Atenas e seus aliados por Filipe da Macedônia em Queroneia. Os Es-

tados gregos perdem seu poder e a conquista da Grécia é efetivada.

336 – Morte de Filipe II e ascensão de Alexandre ao trono da Macedônia.

335 – *Aristóteles funda sua Escola em Atenas, no Liceu.*

334 – Alexandre move a guerra contra a Pérsia e vence a batalha de Granico.

331 – Nova vitória de Alexandre em Arbela.

330 – As forças persas são duramente derrotadas em Persépolis por Alexandre, dando fim à expedição contra a Pérsia.

323 – Morte de Alexandre na Babilônia.

APOLOGIA de SÓCRATES

Desconheço como vós, homens de Atenas, fostes afetados por meus acusadores. Quanto a mim, por pouco não perdi a noção da minha própria identidade tal a persuasão com que discursaram. E, no entanto, dificilmente haja uma única palavra de verdade no que disseram. Das muitas mentiras que disseram, uma especialmente surpreendeu-me bastante, a saber, que deveis vos acautelar para não serdes ludibriados por mim porque eu era um orador extraordinariamente hábil. Considerei o mais vergonhoso na sua postura não se envergonharem por ser imediatamente demonstrado pelos fatos que estão errados, quando não me revelo de modo algum um extraordinário orador – a não ser que classifiquem como extraordinário orador alguém que fala a verdade. Se é isso o que querem dizer, concordo que eu seja um orador, ainda que não do estilo deles, pois, como digo, há pouco ou nada de verdadeiro no que disseram, enquanto de mim tudo que ouvireis será a verdade. Entretanto, por Zeus, ó homens de Atenas, não ouvireis discursos expressos com frases ornamentadas e estilizadas como os deles, mas apenas coisas ditas casualmente com as palavras que me ocorrerem, pois confio que há justiça no que digo, e que nenhum de vós espere algo mais do que isso. Decerto não seria apropriado, senhores, na minha idade apresentar-me a vós feito um adolescente modelando discursos. E vos peço e vos imploro, ó homens de Atenas, que se me ouvirdes realizando minha defesa com a mesma linguagem que estou habituado a empregar na *ágora* junto às mesas dos banqueiros, onde muitos de vós me ouvistes, e em outras partes, não vos surpreendeis nem promoveis um transtorno por conta disso. O fato é que, embora tenha setenta anos, é a primeira vez que me apresento perante a corte. Sou, portanto, um completo estrangeiro em relação ao tipo de linguagem que é utilizada aqui. Assim, tal como certamente, se eu fosse realmente um estrangeiro, me desculparíeis se eu falasse no dialeto e na maneira em que fora educado, faço agora este pedido a vós, que a mim parece um pedido justo, no sentido de desconsiderardes minha maneira de falar – quer seja melhor ou pior – mas concentrardes vossa atenção simplesmente em discernir se o que digo é justo ou não, pois nisso consiste a virtude do juiz, ao passo que a do orador consiste em dizer a verdade.

É para mim justo, homens de Atenas, começar por defender-me das primeiras falsas[1] acusações a mim feitas e dos primeiros acusadores, para depois me defender das acusações posteriores e dos acusadores posteriores. De fato, muitos acusadores se levantaram contra mim perante vós, os quais têm falado há muito tempo, há anos, e nada do que dizem é verdadeiro. Eu os temo mais do que a Anito e os outros, embora estes também sejam temíveis. Mas aqueles primeiros são mais temíveis, senhores, uma vez que se apoderaram da maioria de vós desde a infância, convenceram-vos e a mim acusaram sem qualquer respaldo na verdade, declarando que há um certo Sócrates, homem sábio, um pensador que se ocupa das coisas do alto e que sondou as coisas abaixo da terra, e que faz do argumento mais fraco o mais forte. Esses, homens de Atenas, que espalharam esse rumor, são meus acusadores perigosos, pois aqueles que os ouvem creem que as pessoas que investigam essas matérias sequer acreditam nos deuses. Além disso, esses acusadores são numerosos e têm feito suas acusações já há muito tempo. Acresça-se a isso que se dirigiram a vós quando tínheis

1. ...ψευδῆ... (*pseydê*), registrado por Schanz entre parênteses.

uma idade que vos predispunha a neles crer muito prontamente, alguns de vós não passando de crianças e adolescentes, e ganharam seu caso inteiramente à revelia, pois ninguém compareceu em juízo para defender-se.

Entretanto, o mais irracional de tudo isso é não dispor sequer da possibilidade de saber seus nomes e mencioná-los, a não ser que um deles venha a ser um comediógrafo.[2] E todos que vos persuadiram empregando para isso malevolência e difamação (alguns também persuadiram a outros, pois tinham sido, por sua vez, eles próprios persuadidos) – todos esses – são muitíssimo difíceis de lidar, uma vez que não é sequer possível convocar um só deles para aqui comparecer para ser interrogado ou refutado, sendo eu obrigado, na realização de minha defesa, a combater, por assim dizer, simplesmente sombras e interrogar quando não há quem responda. Dignai-vos, portanto, a compreender que, como digo, meus acusadores são de dois tipos: os que recentemente acusaram-me, e os que, como eu dizia, fizeram-no há muito tempo. E conside-

2. Sócrates refere-se a Aristófanes de Atenas (?448-?380 a.C.), o famoso poeta cômico que o retrata negativamente em sua comédia *Nuvens*, apresentada pela primeira vez em 423 a.C.

rai que devo defender-me primeiramente desses últimos, posto que os ouvistes fazerem suas acusações antes e com muito maior intensidade do que os que fizeram acusações depois. Assim, faz-se necessário que eu faça uma defesa, homens de Atenas, e tente em tempo tão curto extirpar de vós a calúnia que há tanto tempo permanece convosco. É meu desejo que isso aconteça, se melhor se revelar para vós e para mim, e que eu obtenha êxito em minha defesa, porém suponho que seja muito difícil e não me iludo de modo algum acerca de sua natureza e grau de dificuldade. Todavia, que seja como venha a agradar ao deus, a lei necessariamente acatada e minha defesa realizada.

Agora examinemos a questão do seu início, a respeito da acusação (que originou a difamação contra mim) na qual Meleto se fiou para mover essa ação pública contra mim. O que os incitadores da difamação alegaram para incitá-la? Devo, por assim dizer, ler sua declaração jurada como se fossem demandantes: "Sócrates é réu por empenhar-se com excesso de zelo, de maneira supérflua e indiscreta, na investigação de coisas sob a terra e nos céus, fortalecendo o argumento mais fraco e ensinando essas mesmas coisas a outros". É algo assim. A propósito, vós mesmos vistes tais coisas na comédia de Aristófanes, ou seja, um Sócrates nela se movendo livremente, proclamando que caminhava no ar e dizendo uma plêiade de outras tolices sobre as quais nada sei, seja muito ou pouco. E não me exprimo assim com o objetivo de solapar a honra devida a esse conhecimento, na hipótese de alguém ser sábio em tais matérias (possa eu jamais necessitar me defender de Meleto de uma acusação desse porte!). Mas, homens de Atenas, nada tenho a ver com essas coisas – para o que convoco como testemunhas a maioria de vós próprios, pedindo que vos informem entre si e declarem – todos que em alguma ocasião me ouviram discursar (e há muitos destes entre vós) – se em alguma oportunidade ouviram-me discutir muito ou pouco acerca desses assuntos. A partir disso sabereis que as demais coisas comentadas a meu respeito pela maioria das pessoas são de idêntica natureza.

Na realidade, porém, nenhuma dessas coisas é verdadeira, e se ouvistes de alguém que me disponho a ensinar as pessoas e que cobro esse ensino, tampouco isso é verdadeiro. Contudo, julgo admirável a capacidade de ensinar as pessoas, capacidade de homens como Górgias de Leontini, Pródico de Ceos e Hípias de Elis.[3] De fato, cada um desses homens, senhores, é capaz de dirigir-se a qualquer cidade e persuadir os jovens, os quais podem se associar, segundo queiram, com qualquer de seus próprios concidadãos sem pagar, a deixar a companhia dessa pessoa para se juntarem a ele, remunerá-lo e, além disso, mostrar-lhe gratidão.

Na verdade, soube que há um outro sábio de Paros na cidade, visto que topei com um homem que já gastou mais com os sofistas do que todos os outros somados. Refiro-me a Cálias, o filho de Hipônico. Perguntei-lhe então – ele tem dois filhos: "Cálias, se teus dois filhos fossem dois potros ou dois bezerros, seríamos capazes de conseguir e contratar para eles um encarregado[4] que os tornaria excelentes no tipo de virtude que lhes é própria. Seria um treinador de cavalos ou um criador de gado.[5] Mas considerando-se que se trata de dois seres humanos, quem pensas contratar como encarregado? Quem é conhecedor desse tipo de virtude, isto é, a do ser humano e

3. Todos prestigiados sofistas contemporâneos de Sócrates. Ver os diálogos *Górgias*, *Protágoras*, *Hípias Maior* e *Hípias Menor*, em *Diálogos I* e *Diálogos II*, obras publicadas em *Clássicos Edipro*.

4. ...ἐπιστάτην... (*epistáten*).

5. ...γεωργικῶν... (*georgikôn*), literalmente agricultor.

do cidadão? Penso que examinaste essa questão, uma vez que tens filhos. Há essa pessoa", eu disse, "ou não?". "Certamente", disse ele. "Quem?", perguntei, "de onde é, quanto cobra para ensinar?". "Eveno, Sócrates", ele disse, "é de Paros e cobra cinco *minas*".[6] Considerei Eveno um homem abençoado se verdadeiramente possuía essa arte e ensinava por uma quantia tão razoável. Eu mesmo me sentiria orgulhoso e me envaideceria se tivesse esse entendimento, porém não o tenho, homens de Atenas.

Talvez alguém pudesse indagar: "Mas Sócrates, qual é o problema envolvendo tua ocupação? O que gerou essas calúnias contra ti? Certamente se não te ocupavas de algo fora do comum e distinto dos outros, todos esses rumores e comentários não teriam surgido – a não ser que estivesses fazendo algo diferente da maioria das pessoas. Portanto, conta-nos do que se trata, para que não venhamos a agir irrefletidamente no teu caso". Aquele que dissesse isso a mim pareceria estar certo, e tenta-

---

6. A μνᾶ (*mnâ*) era uma moeda de prata ou de ouro, esta última correspondendo a dez vezes o valor da primeira. Uma *mina* de prata valia cem dracmas. Cinco *minas* representavam uma quantia considerável, algo que permitia a compra de mais ou menos setenta quilos de trigo.

rei vos relatar o que gerou minha reputação e a calúnia contra mim. Assim, escutai. É possível que pareça a alguns entre vós que estou gracejando, mas podeis vos assegurar que tudo que direi a vós é a plena verdade.

O fato, homens de Atenas, é que o que produziu essa reputação foi tão só um tipo de sabedoria. E que tipo de sabedoria? Apenas aquilo que é talvez sabedoria humana. É possível que eu seja realmente sábio nessa sabedoria, ao passo que aqueles que mencionei há pouco poderiam ser sábios em alguma sabedoria mais do que humana. Ou não sei o que dizer, pois não tenho nenhum entendimento dessa sabedoria, e quem afirmar que tenho estará mentindo e falando com o intuito de caluniar-me. E, homens de Atenas, não me interrompeis agindo ruidosamente, mesmo que pareça a vós que estou me gabando, pois o discurso que faço não é meu, e vos remeterei a uma fonte fidedigna. Recorrerei ao deus de Delfos[7] como testemunha da existência e natureza de minha sabedoria – se afinal é sabedoria. Imagino que conheceis Querefonte. Foi meu amigo desde a juventude e amigo da maioria de vós, uma vez que compartilhou de vosso exílio e de vosso retorno. Certamente

7. Apolo.

sabeis que tipo de homem era Querefonte, quão impetuoso em todos seus atos. Ora, uma ocasião dirigiu-se a Delfos e ousou indagar ao oráculo – e senhores, não crieis um tumulto ao ouvires o que digo – pois ele indagou se havia outra pessoa mais sábia do que eu, e a Pítia[8] respondeu que não havia ninguém mais sábio. No que se refere a essas coisas, como ele está morto, seu irmão aqui presente prestará a vós testemunho.

A razão de vos relatar essas coisas é que vou vos informar a origem das calúnias de que sou objeto. De fato, quando ouvi isso, pensei comigo mesmo: "O que afinal quer dizer o deus e qual é o enigma que está propondo? Estou consciente de que não sou sábio em nenhuma medida. Qual o significado de suas palavras ao declarar que sou o mais sábio? Decerto não pode estar mentindo, pois isso não lhe é facultado". E por muito tempo permaneci perdido quanto ao significado de suas palavras. Depois, muito relutantemente, passei a investigar isso mais ou menos do modo que se segue.

Dirigi-me a um desses indivíduos que gozam da reputação de ser sábio, no pensamento de que junto a ele – se junto a quem quer que

8. ...Πύθια... (*Pýthia*), a sacerdotisa do oráculo de Apolo em Delfos.

seja – poderia eu contestar o oráculo e dizer-lhe: "Este homem é mais sábio do que eu, porém afirmaste ser eu o mais sábio". Então, ao examinar esse homem – não há necessidade para mim de indicar seu nome – trata-se de um de nossos políticos, minha experiência foi, homens de Atenas, algo assim: após conversar com ele pareceu-me julgar-se sábio a muitas pessoas e especialmente a si mesmo, mas não era. Procurei em seguida mostrar-lhe que ele se julgava sábio, mas que não era. O resultado foi ele passar a não gostar de mim, bem como muitos dos presentes. À medida que me afastava, pensei comigo: "Sou mais sábio do que esse homem; nenhum de nós dois realmente conhece algo admirável e bom, entretanto ele julga que conhece algo quando não conhece, enquanto eu, como nada conheço, não julgo tampouco que conheço. Portanto, é provável, de algum modo, que nessa modesta medida seja eu mais sábio do que esse indivíduo – no fato de não julgar que conheço o que não conheço". Dele me transferi para um outro entre aqueles detentores da reputação de ser mais sábio do que ele, o que me levou a confirmar a verdade dessas mesmas coisas e atrair o desafeto tanto desse segundo indivíduo quanto de muitos outros.

Depois disso prossegui passando de um para outro, e para meu desgosto e temor percebi que me tornava impopular. Entretanto, achava que devia necessariamente atribuir máxima importância ao oráculo do deus, o que me induziu a continuar a buscar o significado do oráculo junto a todos que tinham a reputação de conhecer alguma coisa. E pelo Cão,[9] homens de Atenas – pois devo narrar-vos a verdade – foi a seguinte, declaro-o, a minha experiência: os detentores da mais elevada reputação a mim pareceram quase os mais deficientes durante minha investigação sob a determinação do deus, enquanto outros de reputação menos elevada a mim pareceram homens superiores em senso. É necessário que vos relate minhas andanças como se fossem trabalhos por mim empreendidos para provar o irrefutável do oráculo. Após os políticos, encaminhei-me aos poetas, os trágicos, os autores de ditirambos e os demais, pensando que junto a eles demonstraria mediante prova efetiva ser menos sábio do que eles. Assim, tomando seus poemas que me pareciam deles ter exigido maior cuidado para sua elaboração, perguntei-lhes por seus significados, com

9. ...νὴ τὸν κύνα... (*nè tòn kýna*), expressão usual de Sócrates. Ele recorre ao deus cinocéfalo dos egípcios, Anúbis (o deus com cabeça de chacal).

o fito de ao mesmo tempo deles aprender algo. Sinto-me envergonhado de dizer-vos a verdade, senhores, porém deve ser dita. Quase todos os presentes, espectadores, poderiam ter explicado os poemas melhor do que aqueles que os haviam composto. Assim também no caso dos poetas não tardei a descobrir que aquilo que compunham não compunham com base em sabedoria, mas devido a algum talento natural e por força de inspiração, como os profetas e os que proferem oráculos, uma vez que estes também dizem muitas coisas admiráveis, sem ter qualquer entendimento do que dizem. Evidenciou-se para mim que os poetas haviam tido uma experiência semelhante. Paralelamente a isso, notei que eles, em função de sua poesia, julgavam-se os mais sábios dos homens também em outras matérias, nas quais não eram. Por conseguinte, eu os deixei igualmente convencido de que era superior a eles na mesma coisa em que superava os políticos.

Finalmente dirigi-me aos artesãos. Estava consciente de que não conhecia praticamente nada, mas sabia que descobriria que eles conheciam diversas coisas admiráveis. E nisso não me enganei: de fato conheciam coisas desconhecidas por mim, e nessa medida eram mais sábios do que eu. Mas, homens de Atenas, os bons artesãos a mim pareceram apresentar a mesma deficiência dos poetas, pois pelo fato de praticarem bem sua arte, cada um deles julgava-se muito sábio nas outras matérias de grande importância – tolice que eclipsava o saber que realmente possuíam; assim perguntei a mim mesmo em nome do oráculo se preferia ser como sou, nem sábio na sabedoria deles, nem tolo em sua ignorância, ou ser como eles em ambos os aspectos. Respondi a mim mesmo e ao oráculo que a mim mais valia ser como sou.

Essa investigação, homens de Atenas, gerou para mim muitas inimizades, a um tempo implacáveis e aflitivas. Delas resultaram muitas calúnias e a reputação de ser eu um homem sábio, visto que em todas as ocasiões as pessoas presentes como espectadores consideravam que eu próprio possuía a sabedoria cuja posse eu provava não ser de meu interlocutor. É provável, senhores, que o deus seja de fato sábio e que queira dizer por seu oráculo que "a sabedoria humana pouco ou nada vale". E parece que quando se refere a *este* homem, Sócrates, realmente limita-se a usar meu nome fazendo de mim um exemplo, como se dissesse: "É entre vós, ó seres humanos, o mais sábio aquele que, como Sócrates, reconhece que nenhuma importância em verdade tem no que tange à sabedoria".

Assim, prossigo ainda agora nessa busca, investigando, segundo o comando do deus, todo indivíduo, cidadão ou estrangeiro, que julgo ser sábio. Então se não julgo que é, presto assistência ao deus e mostro que a pessoa não é sábia. Devido a essa ocupação, não disponho de tempo para dedicar-me, em qualquer medida, aos negócios públicos ou aos meus próprios, vivendo em meio à grande pobreza devido ao serviço que presto ao deus.

Ademais, os jovens que dispõem de muito ócio, filhos dos homens mais abastados, acompanham-me por vontade própria, experimentam prazer ouvindo indivíduos sendo examinados e com frequência imitam-me efetuando suas próprias inquirições. Com isso, imagino que descobrem uma grande quantidade de pessoas que julgam saber algo, quando pouco ou nada conhecem. O resultado é os por eles examinados se enraivecerem comigo, em lugar de dirigirem sua raiva para os próprios jovens, e declararem que "Sócrates é o mais pestilento dos indivíduos e está corrompendo a juventude".

E quando alguém lhes pergunta "o que faz e ensina ele para corrompê-los?", eles ficam emudecidos e nada têm a dizer, porquanto não o sabem, e para que não pareça que estão confusos, utilizam essas acusações disponíveis para serem dirigidas a todos os filósofos, ou seja, que [ensina] "as coisas do ar e as coisas sob a terra" e "não crê nos deuses", e "torna mais forte o argumento mais fraco". Não estariam interessados, suponho, em dizer a verdade, ou seja, que está sendo demonstrado muito claramente que fingem conhecer, quando nada conhecem. Essas pessoas são ambiciosas, violentas e numerosas e discursam contínua e persuasivamente a meu respeito; têm enchido vossos ouvidos de veementes calúnias há muito tempo e continuam a fazê-lo agora. Entre eles Meleto, Anito e Lícon[10] atacaram-me, o primeiro tomando as dores dos poetas, o segundo as dos artesãos e dos políticos, e o terceiro, as dos oradores. Assim, como afirmei no começo, ficaria surpreso se conseguisse em tão pouco tempo extirpar de vós a calúnia que se avolumou a tal ponto. Tendes aí a verdade, homens de Atenas. Nada ocultei de vós ou disfarcei, de grande ou pequena monta, nem tergiversei. Sei de sobejo que atraio animosidade por conta deste meu comportamento aqui, o que constitui inclusive uma evidên-

10. Os acusadores formais de Sócrates.

cia da verdade de minhas palavras, que essas são as calúnias de que sou alvo e de que essas são suas causas. E quer o investigueis agora ou doravante, constatareis que assim é.

Que baste isso como defesa diante de vós do que me imputaram meus primeiros acusadores. No que toca a Meleto, o homem bom e patriota, segundo ele declara, e os acusadores posteriores, tentarei defender-me em seguida. E novamente, como se fossem um outro grupo de acusadores, tomemos, de nossa parte, sua declaração jurada. Seu teor é mais ou menos o seguinte: Sócrates é réu porque corrompe a juventude e descrê dos deuses do Estado, crendo em *outras divindades novas*.[11]

Tal é a acusação. Ele sustenta que sou réu porque corrompo os jovens. Contudo, eu, homens de Atenas, digo que Meleto é culpado de brincar com assuntos sérios, envolvendo levianamente pessoas num processo, simulando ter zelo e preocupação com coisas com as quais jamais absolutamente se importou. Que é assim é o que tentarei também evidenciar a vós.

Aproxima-te, Meleto, e me diz: consideras de grande importância que os jovens sejam os

11. ...ἕτερα δὲ δαιμόνια καινά... (*hétera dè daimónia kainá*).

melhores possíveis? "Considero." Ora, informa ao júri quem os torna melhores, o que obviamente sabes já que te preocupas com isso. Afinal, segundo dizes, descobriste quem os corrompe e me trouxeste aqui onde me acusas ante este júri. Agora, vai em frente: comunica quem é que os melhora e informa estes senhores. Vês, Meleto, que permaneces calado e estás incapacitado de dizê-lo? Não te parece isso vergonhoso e prova suficiente do que afirmo, ou seja, de que nunca te importaste com isso? Mas diz, bom homem: quem os torna melhores? "As leis." Não foi, porém, isso que perguntei, ó excelentíssimo homem, mas qual a pessoa que, para começar, conhece precisamente isso, isto é, as leis? "Estas, Sócrates, os juízes." O que dizes, Meleto? São estas pessoas capazes de instruir os jovens e os tornarem melhores? "Certamente." Todas, ou algumas delas, enquanto outras não? "Todas." Ótimo, por Hera. De fato, fazes referência a um grande número de benfeitores.[12] Mas e quanto aos ouvintes? Também tornam os jovens melhores ou não? "Também eles." E quanto aos senadores? "Os senadores também." Mas, Meleto, e quanto à Assembleia?[13] Seus membros cor-

12. O júri presente somava *501* atenienses.

13. ...ἐκκλησία... (*ekklesía*), a assembleia popular de Atenas.

rompem os jovens ou também os tornam melhores? "Eles os tornam melhores." Pelo que parece, todos os atenienses contribuem para tornar os jovens admiravelmente bons, exceto eu que, com exclusividade, os corrompo. É isso que queres dizer? "É decididamente isso que quero dizer." Tu me condenas a uma grande desventura! Responde-me: a ti parece ocorrer o mesmo no caso dos cavalos? Os que os tornam melhores são toda a humanidade exceto por um único indivíduo que os corrompe? Ou a verdade é precisamente o contrário? Quem os torna melhores é um só indivíduo, ou uns pouquíssimos, os cavaleiros, ao passo que a maioria das pessoas, se tiver que lidar com cavalos e utilizá-los, os corrompe. Não é assim, Meleto, tanto no que se refere aos cavalos quanto no que toca a todos os outros animais? Está claro que é, não importa se tu e Anito o neguem ou o admitam. Gozaríamos de uma situação de suma felicidade, no caso dos jovens, se um único indivíduo os corrompesse enquanto todos os outros os beneficiassem. Mas, Meleto, demonstras com suficiente clareza que jamais te preocupaste com os jovens; exibes claramente tua própria negligência a respeito, que nunca te importaste em absoluto com os assuntos em função dos quais me trouxeste a este tribunal.

Por Zeus, Meleto, diz a nós também: é melhor para alguém viver entre bons concidadãos ou entre maus? Responde, meu bom homem, pois não pergunto algo difícil. Não fazem os maus algum mal aos que estão consigo em qualquer ocasião, ao passo que os bons algum bem? "Certamente." Haverá então alguém que prefira ser prejudicado por aqueles que lhe fazem companhia a ser beneficiado? Responde, bom homem, visto que a lei determina que respondas. Haverá alguém que prefira ser prejudicado? "É claro que não." Ora, me acusas aqui sob o fundamento de que estou corrompendo a juventude e tornando-a pior voluntária ou involuntariamente? "Digo que voluntariamente." Como então, Meleto? És na tua idade tão mais sábio do que eu na minha a ponto de teres reconhecido que os maus sempre cometem algum mal aos que lhes estão mais próximos, e os bons algum bem, enquanto eu atingi tal grau de ignorância que sequer sei que, se torno mau qualquer um de meus associados, corro o perigo de sofrer algum dano da parte dele, de sorte que realizo esse grande mal voluntariamente, como dizes? Não creio nisso, Meleto, tampouco penso que qualquer outra pessoa no mundo o creia. Ou não corrompo os jovens, ou se os corrompo, o faço involuntariamente, de modo que mentes em ambos os casos. Bem, se os corrompo involuntariamente, a lei não determina que as pessoas sejam submetidas a julgamento devido a faltas involuntárias, mas que sejam detidas privadamente para instrução e advertência. Está claro que se sou instruído a respeito, cessarei de fazer aquilo que faço involuntariamente. Tu, entretanto, evitaste minha companhia e não quiseste instruir-me. Mas me trazes aqui, onde a lei determina que sejam trazidos os que requerem punição, não instrução.

Mas basta pois, homens de Atenas, fica patente que, como eu disse, Meleto nunca se importou, em qualquer medida, com essas coisas. De qualquer modo, informa-nos: como, conforme pensas, Meleto, corrompo os jovens? Ou é evidente, com base na acusação formal que apresentaste, que é os ensinando a não crer nos deuses que são objeto de crença por parte do Estado, mas crer em outras divindades novas? Não dizes que é ensinando tal coisa que os corrompo? "Positivamente é o que digo." Assim sendo, Meleto, em nome desses mesmos deuses de que falamos agora, expressa-te ainda com maior clareza a mim e a estes senhores. De fato, não consigo compreender se queres dizer que ensino a crença na existência de alguns deuses – e então eu próprio creria que existem alguns deuses e, de modo algum, seria um ateu e estaria isento de culpa nisso – mas que esses não são os deuses que constituem objeto de crença por parte do Estado, e sim outros, o que justifica a acusação contra mim, isto é, que se trata de outros deuses. Ou se queres dizer que não creio em nenhum deus, e que é isso que ensino a outras pessoas. "É isso que quero dizer, ou seja, que não crês em nenhum deus." Ó extraordinário Meleto! Qual a razão para afirmares isso? Não creio sequer que o sol, ou ainda a lua, são deuses, como o resto das pessoas creem? "Não, por Zeus, senhores jurados, visto que ele afirma que o sol é pedra e a lua, terra." Meu caro Meleto, pensas que estás acusando Anaxágoras? E desprezas tanto os membros do júri a ponto de pensar que são tão ignorantes nas letras que desconhecem que os livros de Anaxágoras de Clazomena[14] estão repletos desses discursos e, ademais, que os jovens estão aprendendo de mim o que podem comprar ocasionalmente por, no máximo, uma dracma na *orquestra*[15] e rirem de

14. Filósofo da natureza pré-socrático que viveu aproximadamente entre 500 e 428 a.C.

15. ...ὀρχήστρα... (*orkhéstra*), parte semicircular do teatro grego entre o palco e os assentos dos espectadores, onde o coral dançante atuava. Mas Sócrates se refere aqui às lojas da ágora onde eram vendidos livros.

Sócrates por este simular que esses discursos são seus, especialmente quando são tão despropositados? Mas, por Zeus, é isso que pensas de mim, que não creio na existência de nenhum deus? "Não, por Zeus, não crês em nenhum deus." Não podes receber crédito no que dizes, Meleto. Diria que nem sequer tu próprio dás crédito a isso. Homens de Atenas, este homem a mim parece muito insolente e descontrolado em haver realmente feito essa acusação formal numa disposição de insolência, descontrole e imprudência juvenil. É como alguém que haja composto um enigma e o está testando: "Perceberá o sábio Sócrates que estou gracejando e contradizendo-me, ou o ludibriarei e aos outros que me escutam?". A mim se afigura que se contradiz na declaração acusatória da ação, como se estivesse declarando: "Sócrates é réu por não crer em deuses, mas realmente crê em deuses". E seguramente essa é a atitude de um gracejador.

Examinai comigo, senhores, como parece que ele se contradiz e, tu, Meleto, responde-nos. Quanto a vós, senhores, lembrai-vos do que vos pedi no início. Por favor, não crieis um tumulto se conduzo meu argumento do meu modo habitual.

Há algum ser humano, Meleto, que acredite haver coisas pertinentes a seres humanos, mas não haver seres humanos? Deixai que ele responda, senhores, e não crieis qualquer tipo de alvoroço. Há alguém que não acredita em cavalos, mas que realmente acredita em coisas que dizem respeito a cavalos? Ou que não acredita que existam flautistas, mas que coisas que lhes dizem respeito existem? Não há, homem excelente. Se não te dispões a responder, eu o respondo a ti e a este júri aqui presente. Mas responde ao menos a próxima pergunta. Há alguém que acredita em coisas pertinentes aos *dáimons*, mas que não acredita em *dáimons*?[16]

---

16. ...δαίμονα... (*daímona*). δαίμων (*daímon*) significa genericamente divindade ou deus, mas referindo-se a um deus menor, sem nome, nunca a um deus pré-olímpico ou olímpico, ou mesmo a uma divindade não olímpica nomeada, como Pan, Dionísio e tantas outras. Mais restritamente significa uma raça de seres espirituais mais ou menos intermediária entre os deuses e os seres humanos, mas sempre com atributos divinos. A palavra *dáimon* também denota especificamente a divindade menor (gênio) tutelar de uma cidade ou de cada indivíduo humano (como o célebre *dáimon* de Sócrates), no que se aproxima da concepção religiosa e ocultista não helênica de Santo Anjo Guardião, ou mesmo do conceito psicológico de *consciência,* como o sinal espiritual que nos norteia. Enfim, e por extensão, esse termo designa igualmente, de modo restrito e específico, a alma do morto, daí a sombra ou espírito (espectro) que se pode evocar. Que se esclareça que em nenhu-

"Não há." Obrigado por responder, ainda que com relutância, ao ser constrangido por estes senhores. E então afirmas que creio em coisas pertinentes aos *dáimons*, e que as ensino, novas ou velhas que sejam, isso não importa, creio em coisas pertinentes aos *dáimons*, de acordo com tua afirmação e tua declaração jurada. Mas se creio em coisas pertinentes aos *dáimons*, é absolutamente necessário que creia também em *dáimons*, não é mesmo? É, pois suponho que concordes, uma vez que não respondes. Mas não pensamos que os *dáimons* são deuses ou filhos de deuses? Sim ou não? "Certamente." Assim, se creio em *dáimons*, como dizes, e se *dáimons* são um tipo de deuses, temos diante de nós o enigma e o gracejo de teu discurso, na medida em que dizes que não creio em deuses e, em seguida, que creio, uma vez que realmente creio em *dáimons*. Mas se, por outro lado, *dáimons* são um tipo de filhos bastardos de deuses com ninfas, ou com quaisquer outras mães, como se diz que são,

---

ma dessas acepções são atribuíveis ao *dáimon* propriedades ou características de uma criatura voltada necessária e absolutamente para o bem ou para o mal dentro do paradigma maniqueísta, o que torna a palavra *demônio*, a despeito de sua semelhança morfológica e etimológica, uma tradução *inteiramente* inconveniente.

que ser humano acreditaria que há filhos de deuses, mas que não há deuses? Seria tão absurdo quanto acreditar que há filhos de éguas e asnos, a saber, mulos, mas que não há éguas e asnos. Mas Meleto, deves certamente ter movido este processo ou para nos testar, ou porque estavas desorientado quanto a descobrir qualquer falta real de que pudesses me acusar. Mas não há como pudesses persuadir alguém que fosse mesmo minimamente inteligente de que é possível para a mesma pessoa crer em coisas pertinentes a *dáimons* e a deuses, e não crer em *dáimons*, nem em deuses, nem em heróis.

Ora, homens de Atenas, não parece requerer uma prolongada defesa para demonstrar que não sou culpado das acusações de acordo com o depoimento jurado da ação pública movida por Meleto contra mim, bastando o que foi dito. Mas podeis estar seguros da verdade do que eu declarei antes, ou seja, de que me tornei muito impopular, objeto de grande animosidade no pensar de muitas pessoas. E será isso que causará minha condenação, se eu tiver que ser condenado – não Meleto ou Anito – mas a calúnia e a malevolência de muitas pessoas. Isso tem condenado muitos outros homens bons, e penso que continuará a condená-los. E não há risco de que parará comigo. Mas talvez pudesse alguém dizer: "Não estás envergonhado, Sócrates, de ter te dedicado a essa ocupação que agora te põe em perigo de seres condenado à morte?". Mas eu teria para essa pessoa uma justa resposta: "Dizes algo incorreto, senhor, se pensas que um homem que tenha algum mérito deve levar em consideração o risco de vida ou de morte; a única coisa a que deve se ater em suas ações é se são justas ou injustas e se age como um homem bom ou um homem mau. De fato, de acordo com tua opinião, todos os semideuses que morreram em Troia seriam de valor insignificante, inclusive o filho de Tétis,[17] que a tal ponto desprezava o perigo diante de suportar qualquer desonra, que quando sua mãe, que era uma deusa, lhe comunicou – ante sua ânsia de matar Heitor[18] – algo semelhante ao seguinte, segundo creio, 'Meu filho, se vingares a morte de teu amigo Pátroclo e matares Heitor, tu próprio perecerás, pois tua morte logo se seguirá à de Heitor',[19] ao ouvi-lo, pouco se importou com a morte e o perigo, pois

17. Ou seja, Aquiles.

18. Principal guerreiro troiano atuante na guerra de Troia; filho de Príamo e de Hécuba, e irmão de Alexandre (Páris) e de Cassandra.

19. Homero, *Ilíada*, Canto XVIII, verso 96. A citação de Platão não é textual.

temia muito mais viver como um covarde e não vingar seus amigos. 'Que eu morra então logo',[20] ele disse, 'após haver aplicado ao criminoso o que este merece, de preferência a aqui ser um motivo de riso *junto aos navios curvados, um peso sobre a terra*'.[21] Achas que ele considera a morte e o perigo?".

Essa é a verdade da matéria, homens de Atenas, a saber: onde quer que seja que um homem tenha assumido uma posição que crê ser a melhor, ou onde haja sido colocado por seu comandante, nela tem ele, pelo que me parece, que permanecer e enfrentar o perigo, sem cogitar da morte ou de qualquer outra coisa, salvo a ignomínia.

Assim, teria sido uma conduta estranha, homens de Atenas, se, tendo eu em Potideia, Anfípolis e Délio, sob o risco da morte, como todos os outros, permanecido em meu posto quando aqueles que escolhestes para me comandar o haviam ordenado, depois deixasse de assim agir quando o deus ordenou-me, conforme pensei e acreditei, a viver a vida de

---

20. Homero, *Ilíada*, Canto XVIII, verso 98. Citação parcial do verso.

21. Platão faz uma citação adaptada de Homero (*Ilíada*, Canto XVIII, verso 104): somente o texto em itálico pertence ao verso indicado.

um filósofo para investigar a mim mesmo e aos outros, abandonando meu posto por medo da morte ou de qualquer outra coisa. Teria sido um comportamento estranho que verdadeiramente justificaria que alguém me conduzisse a este tribunal, sob a acusação de não acreditar na existência dos deuses, por não ter obedecido ao oráculo, temido a morte e pensar ser sábio, quando não sou. Pois temer a morte, senhores, nada mais é do que pensar que se é sábio quando não se é, uma vez que consiste em pensar que se conhece o que não se conhece. De fato, ninguém sabe se a morte não é, inclusive, a maior de todas as bênçãos para o ser humano, ainda que este a tema como se soubesse que é o maior dos males. E não é essa a mais censurável das formas de ignorância, nomeadamente pensar que se conhece o que não se conhece? Talvez, senhores, nesse aspecto também seja eu diferente da maioria das pessoas, e se tivesse que declarar que sou mais sábio em alguma coisa, seria nisso, ou seja, não tendo o apropriado conhecimento das coisas do Hades,[22] não penso que tenho. Tenho, entretanto, realmente conhecimento de que é mau e vergonhoso cometer injustiça

22. ...Ἅιδου... (*Háidoy*), o mundo subterrâneo dos mortos, reino do deus Hades (Plutão), irmão de Zeus e de Poseidon.

e desobedecer quem é superior a mim, seja um deus ou um ser humano. Consequentemente, nunca temerei ou evitarei aquilo com respeito ao que desconheço se é bom ou mau, diferentemente daquilo que sei ser mau. E, assim, mesmo na hipótese de me absolverdes agora e não serdes convencidos por Anito, que afirmou que ou não devia eu simplesmente ter sido submetido a julgamento, ou, se fui, tenho que ser executado, uma vez que se eu for absolvido, vossos filhos serão todos inteiramente arruinados por se dedicarem a praticar o que ensino – se me disserdes à guisa de resposta a isso: "Sócrates, nesta oportunidade não agiremos segundo o que diz Anito, mas te deixaremos ir sob a condição de que não despendas mais teu tempo nessas investigações e não te devotes mais à filosofia, sendo que se fores pego em flagrante assim fazendo, morrerás"; se me absolvêsseis sob tal condição, declararia a vós: "Homens de Atenas, contais com meu respeito e minha amizade, mas acatarei ao deus, de preferência a vós, e por quanto durar minha existência e for eu capaz de prosseguir, jamais renunciarei à filosofia e cessarei de vos exortar, e de meu modo costumeiro com qualquer um de vós que venha a topar no meu caminho salientarei: 'Homem excelente, sendo como és, um cidadão de Atenas, a maior das cidades-Estado e a mais notória por sua sabedoria e poder, não te sentes envergonhado por te preocupares com a aquisição de riqueza, reputação e honras, enquanto não te importas e nem atentas para a sabedoria, a verdade e o aperfeiçoamento de tua alma?'". E então se qualquer um de vós contestar o teor de minhas palavras, e afirmar que realmente se importa, não permitirei que vá embora imediatamente, e tampouco eu irei embora, dispondo-me sim a interrogá-lo, examiná-lo e submetê-lo a testes... e se apurar que não é detentor da virtude, a despeito de afirmar que é, o censurarei por desprezar coisas de máxima importância, enquanto se importa com coisas secundárias. Assim agirei com todo aquele que encontrar, jovem e velho, estrangeiro e concidadão, porém mais especialmente com os concidadãos, porquanto sois ligados mais estreitamente a mim. Certificai-vos de que assim o deus me ordena fazer e creio não haver nenhum outro maior benefício concedido a esta cidade do que o serviço que presto ao deus. Pois tudo que faço em minhas andanças é vos instar, jovens e velhos entre vós, a não zelardes por vossos corpos ou vossas riquezas mais do que pela perfeição possível de vossas almas; e vos digo que a riqueza não gera a virtude, mas esta gera a riqueza e todos os demais bens aos seres humanos, tanto os benefícios privados quanto os públicos. Se com esse discurso corrompo os jovens, então seu conteúdo é nocivo. Mas se alguém afirma que profiro um discurso distinto desse, afirma algo destituído de senso. Assim, digo-vos, ó homens de Atenas: fazei como Anito vos indica ou não, e absolvei-me ou não, mas cientes de que não alterarei minha conduta, mesmo que tenha eu que muitas vezes morrer.

Não causeis tumulto, homens de Atenas, mas continuai a atender ao meu pedido, não interrompendo meu discurso produzindo algazarra, mas vos restringindo a ouvir-me, e penso que vos será vantajoso ouvir-me; estou na iminência de vos comunicar algumas coisas que talvez vos levem a vociferar. De modo algum seja esse vosso comportamento. Sabeis que se me matardes, sendo eu o homem que digo que sou, não me ferireis mais do que vós próprios; com efeito, nem Meleto nem Anito seriam capazes de ferir-me, o que julgo impossível, pois acredito não ser permitido pelas leis[23] que um homem melhor seja ferido por um pior. Contudo, Anito talvez pudesse matar-me, banir-me ou destituir-me dos direitos civis, com isso talvez pensando que esta-

23. ...θεμιτόν... (*themitón*), humanas ou divinas.

ria infligindo-me enormes danos, pensamento no qual seria acompanhado por outros. Mas não penso assim. Penso estar ele próprio fazendo um dano muito maior ao empenhar-se em obter a execução injusta de um homem. E, assim sendo, homens de Atenas, realizo agora minha defesa não no meu próprio interesse, como se poderia supor, mas no vosso, para impedir que ao condenar-me erradamente façais uso indevido do dom que o deus vos conferiu. Se me executardes, não encontrareis facilmente outra pessoa como eu, que estava ligada a esta cidade por ação do deus – ainda que a expressão seja um tanto risível – como a um grande e nobre cavalo, que se revelasse um pouco lerdo devido ao seu tamanho, e precisasse ser estimulado por um moscardo. Penso que foi para desempenhar uma função assim que o deus vinculou-me à cidade, e assim ponho-me a circular por aí estimulando, persuadindo e censurando cada um de vós, e em toda parte, o dia todo, que me deparo convosco.

É improvável que aquela outra pessoa surja entre vós, senhores, e se deres ouvidos ao que digo, me poupareis. Mas é possível, talvez, que estejais zangados comigo, como pessoas despertas de um cochilo, e quereis esbofetear-me, em conformidade com o conselho de Anito, com o que facilmente acabareis me matando; e então passaríeis o resto de vossas vidas na sonolência, a menos que o deus, no seu zelo por vós, enviasse alguém mais para vos aguilhoar. E que sou – como digo que sou – uma espécie de dádiva do deus à cidade, podereis compreender com base no seguinte: que não parece comportamento humano ter negligenciado todos os meus próprios negócios e resistido ao descuido de meus interesses durante todos estes anos; em contrapartida, estou sempre ocupado com vossos interesses, dirigindo-me a cada um de vós como um pai, ou como um irmão mais velho, insistindo que atentais para a virtude. Se extraísse algum ganho dessa atividade e fosse remunerado por tais exortações, haveria algum sentido nisso. Mas podeis constatar que, a despeito de todas as suas acusações impudentes, meus acusadores não foram capazes, em sua desfaçatez, de apresentar uma testemunha que declarasse que algum dia eu haja cobrado ou solicitado pagamento de quem quer que seja. Julgo, de minha parte, contar com uma testemunha que basta para atestar a verdade do que digo, nomeadamente minha pobreza.

Talvez possa parecer um despropósito circular eu por aí e interferir nos negócios alheios visando a dar esse aconselhamento privadamente, mas não me arriscar a comparecer à Assembleia e fornecer aconselhamento ao Estado. A causa disso, entretanto, como me ouvistes declarar em muitas oportunidades e lugares, é que algo divino e pertencente aos *dáimons*[24] se manifesta a mim, a mesma coisa que Meleto ridicularizou em seu depoimento. Experimento isso desde minha infância. É uma espécie de voz que me ocorre e sempre que ocorre me detém quanto a alguma coisa que me proponho a fazer, enquanto nunca me incita a fazer coisa alguma. É o que se opõe à minha participação na política. E sou da opinião de que essa oposição é algo excelente, pois podeis estar plenamente certos, homens de Atenas, que se eu tivesse me envolvido na política, teria sido conduzido à morte há muito tempo e não teria feito nenhum bem a vós ou a mim mesmo. Não vos indigneis comigo por eu dizer a verdade. O fato é que pessoa alguma sobreviverá se opor-se com franqueza a vós ou a qualquer outra multidão, impedindo que muitos acontecimentos injustos e

24. ...θεῖόν τι καὶ δαιμόνιον γίγνεται... (*theîón ti kaì daimónion gígnetai*). O manuscrito original contém em acréscimo φωνη (*fone*), voz, após γίγνεται. Mas Schanz e outros helenistas preferem excluir essa palavra; de fato, Sócrates, mais de uma vez, como o leitor perceberá na imediata sequência, referiu-se ao seu *dáimon* como uma "voz" ou um "sinal".

ilegais ocorram no Estado. Um homem que realmente luta pela justiça tem que levar uma vida privada, e não pública, caso queira sobreviver mesmo por um efêmero período.

Apresentarei a vós incisivas evidências disso, não meras palavras, porém o que tendes em alta estima, ou seja, ações. Escutai o que sucedeu a mim para que possais vos persuadir de que eu jamais me curvaria, por medo da morte, a qualquer pessoa que contrariasse o que é justo, preferindo morrer a curvar-me. A narrativa que vos farei envolve um lugar comum e matéria prosaica dos tribunais, mas é algo verdadeiro. Nunca, atenienses, ocupei qualquer outro cargo público, mas atuei como senador, na ocasião em que minha tribo detinha a presidência, quando desejastes julgar coletivamente, e não individualmente, os dez generais que haviam fracassado na ação de recolher os mortos e sobreviventes após a batalha naval.[25] Isso foi ilegal, como todos vós depois admitistes. Naquele ensejo, fui o único prítane (membro do comitê que presidia) que

25. Platão se refere à batalha de Arginusas (localidade ao sul de Mitilene) ocorrida em 406 a.C., quando, a despeito da vitória dos atenienses sobre os espartanos nessa etapa da guerra do Peloponeso, os generais não conseguiram resgatar sobreviventes e recolher os mortos por conta de uma grande tormenta.

se opôs a realizar qualquer coisa que violasse as leis, mas embora os oradores estivessem prontos a afastar-me e prender-me, e embora vós – aos brados – os incitassem a fazer isso, considerei que tinha que correr o risco e perseverar até o fim, preferindo ter a lei e a justiça ao meu lado a aliar-me a vós, quando vos empenhavas num procedimento injusto, simplesmente por temor de ser aprisionado ou morto.

Isso aconteceu quando o Estado era ainda democrático. Depois da instauração da oligarquia, os Trinta[26] mandaram que eu e mais quatro outros indivíduos comparecêssemos à rotunda[27] e ordenaram que trouxéssemos de Salamina Leon de Salamina para que fosse executado. Também haviam dado muitas ordens desse tipo a outras pessoas, pois sua intenção era implicar o máximo de indivíduos que pudessem em seus crimes. Eu, contudo, mais uma vez mostrei não só pelo discurso, como também pela ação, que não me importava nem um pouco com a morte – se não fosse demasiado vulgar a expressão – mas que aquilo com que realmente me importava sumamente

---

26. ...οἱ τριάκοντα... (*hoi triákonta*), os trinta tiranos que governaram Atenas de 404 a 403 a.C.

27. ...θόλον... (*thólon*), em Atenas, o edifício de abóbada onde se achavam os refeitórios dos notários e dos prítanes.

era não fazer nada injusto ou irreligioso. Com efeito, aquele governo, por mais poderoso que fosse, não me intimidou no sentido de realizar algo injusto. Entretanto, quando saímos da rotunda, os outros quatro dirigiram-se a Salamina e prenderam Leon. De minha parte, limitei-me a voltar para minha casa. Deveria ter sido executado por essa minha conduta, não tivesse aquele governo sido derrubado logo depois. Há muitos que poderão vos testemunhar acerca desses acontecimentos.

Será que acreditais que poderia eu ter sobrevivido tantos anos se houvesse participado da vida pública comportando-me como um homem bom deve se comportar, prestando meu auxílio à justiça e o considerando o meu mais elevado dever? Longe disso, homens de Atenas, e tampouco poderia isso acontecer com qualquer outro homem. Ao longo de minha vida, em qualquer atividade pública em que possa ter me engajado, sou o mesmo homem que da vida privada. Jamais compactuei com alguém para uma ação injusta, fosse esse alguém qualquer outra pessoa ou um daqueles que, segundo meus caluniadores, são meus discípulos. Mas nunca fui o mestre de quem quer que seja. Se qualquer indivíduo, jovem ou velho, deseja ouvir meu discurso quando me ocupo de meu mister, jamais fiz qualquer objeção a isso, tampouco me limito a dispensar minha conversação a quem me remunera, calando-me diante de quem não o faz; pelo contrário, ponho-me à disposição igualmente de ricos e pobres; faço perguntas e todo aquele que desejar está facultado a responder-me e ouvir o que tenho a dizer. E não posso com justiça ser responsabilizado pela boa ou má conduta desses indivíduos, na medida em que nunca lhes prometi ou lhes ministrei qualquer instrução – a nenhum deles. Se alguém declarar que aprendeu algo de mim, ou que ouviu privadamente algo que outros não ouviram, estejais certos que esse indivíduo está mentindo.

Mas, então, por que algumas pessoas apreciam passar muito de seu tempo em minha companhia? Ouvistes a razão disso, homens de Atenas, pois vos comuniquei toda a verdade. Gostam de ouvir o questionamento das pessoas que julgam serem sábias e não são. Isso é divertido. Mas, como acredito, a mim foi ordenado assim agir pelo deus, por meio de oráculos e sonhos, e de todas as outras formas pelas quais um ser humano já recebeu ordem oriunda do poder divino para fazer qualquer coisa. Isso, atenienses, é verdadeiro e pode ser facilmente estabelecido.

Se corrompo alguns jovens e corrompi outros, decerto alguns entre esses que se tornaram adultos e perceberam que lhes concedi mau aconselhamento em sua juventude deveriam, eles próprios, comparecer aqui para acusar-me e se vingarem. Ou se não desejassem fazê-lo pessoalmente, alguns de seus parentes – pais, irmãos ou pessoas de outro parentesco – deveriam se manifestar, apontando agora, os fatos do possível prejuízo causado às suas famílias. E vejo muitos deles aqui presentes. Em primeiro lugar, Críton,[28] homem da mesma idade que eu, pertencente ao mesmo demo que eu, e pai de Critóbulo, que também se encontra presente; em seguida Lisânias de Esfeto, pai de Ésquines, que está aqui; também aqui se acha Antífon de Cefísia, pai de Epígeno. E há outros presentes cujos irmãos despendiam tempo em minhas conversações: Nicóstrato, filho de Teozótides e irmão de Teódoto que, estando atualmente morto, não pôde influenciá-lo; Páralo, filho de Demódoco, cujo irmão foi Teages; e Adimanto, filho de Aríston, cujo irmão é Platão, aqui presente; e Aeantodoro, cujo irmão Apolodoro está presente.

28. Ver o diálogo homônimo.

E poderia vos mencionar muitos outros, entre os quais certamente Meleto poderia ter escolhido um na qualidade de testemunha em seu próprio discurso. Mas se o esqueceu então, que o faça agora. Cederei a ele espaço para que se manifeste, se dispor de uma tal testemunha. Mas descobrireis que o que ocorre é precisamente o oposto, senhores, e que todas essas pessoas estão prontas a vir em meu auxílio, o homem que corrompe e causa dano aos seus parentes, como afirmam Meleto e Anito. Ora, os que são, eles próprios, corrompidos poderiam ter muito bem algum motivo para ajudar-me. Mas de que razão poderiam dispor seus parentes, que além de não corrompidos, já são homens mais velhos, senão da razão correta e justa, ou seja, de que estão cientes de que Meleto está mentindo, enquanto eu estou dizendo a verdade?

Bem, senhores, isso e talvez outras coisas similares é tudo que tenho a dizer em minha defesa. Talvez alguém entre vós se sinta ofendido ao lembrar-se que quando ele próprio foi submetido a um julgamento, em torno de um caso de menor importância do que este envolvendo uma acusação menos perigosa, pôs-se a implorar e suplicar aos juízes em meio às lágrimas, e trouxe seus filhos, amigos e parentes com o fito de suscitar compaixão, ao passo que eu nada farei dessas coisas, ainda que esteja aparentemente correndo um sumo risco. É possível que alguém a quem ocorra esse pensamento e lembrança se predisponha duramente comigo e lance seu voto tomado de ira. Ora, se é essa a disposição de alguém dentre vós – não creio haver tal pessoa – mas se houver, penso que estaria me expressando com equidade se lhe dissesse: Meu excelente senhor, também eu tenho parentes, pois não sou, como diz Homero, "nascido de um carvalho ou de uma pedra",[29] mas de pais humanos, de forma que tenho parentes e, homens de Atenas, tenho três filhos, um adolescente, e dois ainda crianças. Entretanto, não trarei nenhum deles aqui para vos implorar que me absolvam. E por que não agirei assim? Não por orgulho, atenienses, ou por falta de respeito a vós. A questão de se revelo ou não intrepidez diante da morte é outra, mas no interesse de minha boa reputação, da vossa e da de todo o Estado, julgo não ser nobre fazer essas coisas, em vista especialmente de minha idade[30] e de minha reputação, se merecido ou não. De qualquer modo, seja verdadeiro ou falso, prevalece a opinião geral de

29. *Odisseia*, Canto XIX, verso 163.

30. 70 anos.

que Sócrates, em certos aspectos, é superior à maioria das pessoas. Se, nesse caso, aqueles entre vós que se supõem serem superiores ou em sabedoria, ou em coragem, ou em qualquer outra virtude, se predispõem a se conduzir de tal maneira, seria vergonhoso. Todavia, tenho frequentemente visto homens detentores de tal reputação se comportarem da mais espantosa das maneiras quando submetidos a um julgamento, como se pensassem estar a caminho de sofrer algo terrível se forem executados, e que seriam imortais se vós não os executásseis. A mim parece que representam uma vergonha para o Estado e que qualquer estrangeiro estaria autorizado a dizer que aqueles entre os atenienses que primam pela virtude, homens que eles próprios honram com cargos públicos e outras distinções, não são melhores do que mulheres. Esses atos, homens de Atenas, nós que dispomos de alguma reputação não devemos cometer, e se os cometermos, não devereis permiti-lo. Deveis mostrar com clareza que estareis muito mais prontos a condenar um homem que desempenha ante vós essas lamentáveis cenas dramáticas no tribunal, expondo o Estado ao ridículo, do que o homem que se mantém quieto.

E independentemente do aspecto da reputação, senhores, não julgo certo suplicar ao juiz ou obter a absolvição implorando-a. Nossa obrigação é informá-lo e convencê-lo. De fato, o juiz não está aqui para conceder favores no que tange a matérias de justiça, mas para pronunciar a sentença; e seu juramento o obriga a não distribuir favores ao seu bel prazer, mas julgar de acordo com as leis. A conclusão é que não devemos induzir-vos ao hábito de violar vossos juramentos, nem deveis vós mergulhar nesse hábito, com o que nenhum de nós estaria agindo sem incorrer na impiedade. Não exigi, portanto, de mim, homens de Atenas, que me comporte perante vós de um modo que não considero nem nobre, nem justo, nem piedoso, especialmente, por Zeus, porque estou sendo processado por Meleto exatamente por impiedade. É patente que se graças a minha persuasão e súplica eu vos constrangesse a faltar aos vossos juramentos, estaria vos ensinando a desacreditar na existência dos deuses e, realizando minha defesa, estaria acusando a mim mesmo de neles não acreditar. Entretanto, muito dista isso da verdade, pois realmente neles acredito, homens de Atenas, mais do que qualquer um de meus acusadores e, assim, confio meu caso a vós, e ao deus para decidi-lo conforme seja o melhor para mim e para vós.

*****

Não estou indignado, ó homens de Atenas, por terdes me condenado, e isso por muitas razões, entre as quais o fato de vossa decisão não ter constituído uma surpresa para mim. O que mais me surpreendeu, de fato, foi o número de votos a favor e contra essa condenação, pois não pensava que a decisão fosse ocorrer por meio de tão poucos votos, mas por uma grande quantidade deles. Tal como se apresenta o caso, a mudança de apenas trinta votos teria causado a minha absolvição.[31] E, assim, penso que, no que diz respeito a Meleto, fui absolvido, e não apenas absolvido, mas está ao alcance de qualquer um perceber que, se Anito e Lícon não se apresentassem para acusar-me, ele teria sido multado em mil dracmas por não receber um quinto dos votos.

E o homem propõe a pena de morte. Bem, que posso eu propor a título de alternativa, homens de Atenas? Está claro que deveria ser uma pena que mereço, não é mesmo? E o que mereço sofrer ou pagar por não haver deliberadamente vivido uma vida tranquila e haver descuidado daquilo de que se ocupa a maioria das pessoas, ou seja, da aquisição

31. O júri total era composto de *501* homens atenienses, o que significa que a decisão foi realmente apertadíssima, não expressando de modo algum a vontade da *maioria*.

de riqueza, da administração doméstica, dos cargos militares, dos discursos públicos, e das diversas magistraturas, conspirações e facções existentes no Estado? E pensando que era realmente demasiado honrado para me ocupar dessas atividades e viver, afastado dessas coisas graças às quais teria sido inútil a vós ou a mim mesmo, dedicado a proporcionar a cada cidadão individualmente o que julgo maximamente benéfico? De fato procurei convencer cada um de vós a zelar por si mesmo e por seu próprio aprimoramento no que tange a ser bom e sábio, de preferência a zelar por quaisquer de suas posses, e a favor do próprio Estado, em lugar dos interesses deste, e adotar idêntico método no seu zelo por outras coisas. O que, então, merece um homem como eu? Algum bem, homens de Atenas, se é que devo propor algo verdadeiramente em conformidade com meu merecimento; e esse bem deveria ser tal que me fosse adequado. Ora, o que é adequado a um pobre homem que é vosso benfeitor e que necessita de ócio para exortar-vos? Nada há, homens de Atenas, tão adequado quanto tal homem receber suas refeições no pritaneu.[32] Isso é muito mais ade-

32. ...πρυτανείῳ... (*prytaneíoi*), edifício público em Atenas onde atuavam os magistrados. Era no *pritaneu* que

quado a mim do que a qualquer um de vós que haja vencido nos Jogos Olímpicos com cavalo, biga ou quadriga. O vencedor olímpico vos faz parecer feliz, enquanto eu vos faço feliz. Ademais, ele não tem, em absoluto, necessidade de sustento, ao passo que eu sou um necessitado. Portanto, se me cabe propor uma pena de acordo com meu merecimento, proponho a minha alimentação no pritaneu.

Talvez alguns de vós julguem que dizendo isso, analogamente ao que disse acerca de lamentos e súplicas, me expresso com arrogância. Mas não se trata disso, atenienses. A verdade é, ao contrário, que estou convencido de que jamais cometi propositadamente injustiça contra pessoa alguma. Vejo-me, porém, impossibilitado de convencer-vos disso dado termos conversado durante pouco tempo. Creio que se dispusésseis de uma lei, daquela de que dispõem outros povos, que determina que julgamentos que envolvam a pena capital não devem ser resolvidos num único dia, mas somente após muitos dias, acabaríeis por convencer-vos; mas agora, nestas circunstâncias, não é fácil em tão curto tempo fazer dissipar grandes calúnias, delas vos livrando.

---

se oferecia acolhida pública, particularmente aos que se sagravam vencedores nos Jogos Olímpicos.

E como, por conseguinte, estou convencido de que jamais cometi injustiça contra pessoa alguma, certamente não a cometerei contra mim declarando a respeito de mim mesmo que mereço alguma coisa má e propondo qualquer pena para mim que inclua um mal. E por que deveria agir assim? Por medo da pena proposta por Meleto, a respeito da qual digo que ignoro tratar-se de algo bom ou mau? Deverei optar, de preferência, por algo que sei tratar-se de um mal? Que pena posso propor? Encarceramento? E por que deverei viver encarcerado, um escravo da perpétua autoridade dos magistrados? Ou deverei propor uma multa, conservando-me encarcerado até que seja paga? Mas nesse caso equivaleria ao mesmo que acabei de dizer, já que não tenho dinheiro. Diante disso, será que devo propor o exílio como minha pena? Talvez aceitásseis isso. Mas eu teria realmente que nutrir um imoderado amor pela vida para ser tão destituído de senso a ponto de ignorar que se vós, que sois meus concidadãos, não conseguiram tolerar minhas conversações e meus discursos, julgando-os aborrecidos e desagradáveis – estando agora, inclusive, vos empenhando em livrar-se deles –, outras pessoas os tolerarão facilmente. É fato seguro, atenienses, que não o farão. Que *bela* vida seria a minha se fosse embora, na idade em que estou, e passasse a perambular de cidade em cidade, sendo expulso de uma após outra! Bem sei que, para todo lugar que me dirigisse, encontraria jovens que se disporiam a ouvir-me, como acontece aqui. Se os afastasse, persuadiriam seus parentes mais velhos a me expulsarem; se não o fizesse, seus pais e parentes me expulsariam em nome deles.

É possível que alguém dissesse: "Sócrates, será que não poderias nos deixar e viver em silêncio, sem discursos?". Bem, convencer alguns de vós sobre esse ponto é a tarefa mais difícil. Isso porque se afirmo que tal procedimento corresponderia a desobedecer ao deus e que, por conta disso, não posso ficar em silêncio, pensareis que estou ironizando e não me acreditareis. Se, por outro lado, afirmo que dialogar todos os dias acerca da virtude e sobre as outras coisas em relação às quais me ouvis discursando e examinando a mim mesmo e os outros constitui o maior benefício para o ser humano, e que a vida sem esse exame não é digna de ser vivida, menos crédito ainda me dareis.

É como digo, senhores, mas não é tarefa fácil convencer-vos. Além disso, não me acostumei com a ideia de que mereço ser penalizado com alguma coisa má. Se tivesse dinheiro, teria proposto uma multa em consonância com minhas posses, mesmo porque isso não representaria para mim dano algum. Mas sendo as coisas como são, só resta o recurso de impores uma multa que eu possa pagar. Talvez eu pudesse pagar uma *mina* de prata.[33] Assim, proponho essa pena. Entretanto, Platão aqui, homens de Atenas, bem como Críton, Critóbulo e Apolodoro me dizem para propor uma multa de trinta *minas*, e serão meus fiadores com relação a esse dinheiro. Assim, proponho uma multa nesse valor. Esses homens, grandemente dignos de crédito, serão meus fiadores.

Porque quisestes ganhar tempo, homens de Atenas, ireis granjear da parte daqueles que desejam denegrir o Estado a reputação e culpa de terdes matado Sócrates, um homem sábio, já que sabeis que aqueles que desejam ultrajar-vos dirão que sou sábio, mesmo que eu não o seja. Se houvésseis aguardado mais um pouco, o que desejais viria a ocorrer naturalmente, uma vez que conheceis minha idade, quão adiantado na vida e quão próximo da morte. Isso que digo não é para todos vós, mas

33. A μνᾶ (*mnâ*) correspondia a cem dracmas. Como no tempo de Sócrates e Platão, uma dracma era o que recebia, a título de padrão salarial, o trabalhador por um dia de trabalho, uma *mina* (isto é, cem dracmas) constituía uma quantia considerável.

somente para os que votaram a favor de minha condenação à morte. E para estes tenho algo mais a dizer. Talvez penseis, senhores, que fui condenado pela dificuldade representada por me faltarem as palavras que vos teriam levado a absolver-me, se eu tivesse considerado justo tudo fazer e dizer para obter a absolvição. Bem longe disso. No entanto, foi graças a uma falta que fui condenado, não, todavia, falta de palavras, mas de atrevimento e impudência, e também de disposição para dizer-vos as coisas que teríeis adorado ouvir. Teríeis adorado ouvir meus gemidos e lamentos e ver-me fazer e dizer muitas coisas que são, tal como sustento, indignas de mim – aquelas coisas que estais habituados a ouvir de outros. Não julguei então que devia, diante do perigo ao qual estava exposto, fazer qualquer coisa indigna de um homem livre, como tampouco me arrependo agora de ter feito minha defesa como a fiz. Prefiro morrer com base nessa defesa a viver com base numa defesa do outro tipo. Pois não devo eu, como qualquer outro homem, conceber um plano para escapar à morte a qualquer custo, isso no tribunal ou na guerra. Nas batalhas, mostra-se frequentemente óbvia a possibilidade de um homem esquivar-se à morte arrojando suas armas ao chão e implorando misericórdia aos seus perseguidores. Há, ademais, vários outros meios de escapar à morte ao se estar em face de perigos de diversas naturezas quando nos dispomos a fazer e dizer qualquer coisa. Mas, senhores, não é difícil escapar da morte... É bem mais difícil escapar da perversidade, já que esta corre mais celeremente do que a morte. Lento e velho como sou, fui agora apanhado pela corredora mais lenta, enquanto meus acusadores, astuciosos e rápidos, foram apanhados pela corredora mais veloz, a perversidade. Irei embora agora condenado por vós e sentenciado à morte, mas eles daqui sairão condenados pela verdade, por perversidade e injustiça. Aceito minha pena e eles aceitam a sua. Talvez isso tivesse que ser assim, e penso que está bem.

E agora quero fazer uma predição para vós, vós que me condenastes, pois me vejo agora no momento em que os seres humanos mais profetizam, ou seja, quando estão na iminência de morrer. E vos digo, a vós, ó homens que me condenastes à morte, que a vingança vos atingirá imediatamente após minha morte, uma punição, por Zeus, muito mais difícil de suportar do que a que reservastes a mim. Agistes assim agora comigo na crença de que sereis eximidos de prestar contas por vossas vidas, mas digo que topareis com um resultado sumamente diferente. Aqueles que vos constrangerão ao acerto de contas serão em maior número; até então eu os detinha e não o percebestes. E, porquanto, são mais jovens, serão mais duros e sofrereis maior incômodo. De fato, se acreditais que executando as pessoas impedireis qualquer um de vos censurar por vossa conduta indevida, estais enganados. Esse tipo de escapatória é tanto completamente impossível quanto desonrosa. A mais fácil e honrosa das escapatórias não consiste em silenciar outros indivíduos, mas em vos tornar o melhor possível. Com esta previsão dirigida a vós que me condenastes, de vós me despeço.

Com aqueles, contudo, que votaram pela minha absolvição, gostaria de discutir o ocorrido enquanto as autoridades do tribunal estão ocupadas e não preciso ainda dirigir-me ao local onde deverei morrer. Assim, senhores, ficai comigo por esse tempo, pois nenhum impedimento há para nossa conversação. Sinto que sois meus amigos e quero vos indicar o significado do que agora sucedeu a mim. De fato, *juízes* – e ao chamá-los de juízes vos designo corretamente – algo maravilhoso sucedeu a mim. Até então o costumeiro poder profético, ou do *dáimon*, se manifestava muito amiúde e a mim se opunha mesmo em matérias de mínima importância – barrando-me de alguma ação que não devia realizar. Agora, entretanto, como constatais, que encarei aquilo que se concebe como sendo e que se considera ser o maior dos males, o sinal divino não se opôs a mim, quer quando deixei minha casa de manhã, quer quando ingressei no tribunal, quer em qualquer etapa de meu discurso quando me dispunha a dizer qualquer coisa, não obstante em outras ocasiões me obstasse em muitas etapas no meio de um discurso. Mas agora, neste caso, não se opôs a mim em relação a nada que fiz ou disse. E o que poderia eu supor ser a razão disso? Eu vos direi. Isso que aconteceu a mim é, indiscutivelmente, uma coisa boa e aqueles, entre nós, que classificam a morte como um mal, devem estar equivocados. Disso me foi concedida uma prova convincente, pois o costumeiro sinal certamente teria se oposto a mim se eu não estivesse prestes a encaminhar-me na direção de algo bom.

Reflitamos também de uma outra maneira que nos sugere haver boa razão para ter esperança de que a morte seja uma coisa boa. A morte é uma de duas coisas: ou é o nada, de modo que o morto não tem consciência de coisa alguma, ou é, como dizem as pessoas, uma mudança e migração da alma deste para um outro lugar. Se é uma completa ausência de percepção, tal como um sono no qual quem dorme sequer sonha, devemos concluir que a morte constitui uma extraordinária vantagem. De fato, penso que se alguém separasse essa noite durante a qual dormiu sem ter sonhos e a ela comparasse as outras noites e dias de sua vida, e examinasse devidamente quantos dias e noites de sua vida havia passado mais agradavelmente do que aquela noite – creio que não só um indivíduo particular e comum, como também o próprio grande rei,[34] julgaria que noites como essas são poucas se comparadas às demais noites e dias. Assim, na hipótese de ser essa a natureza da morte, terei que estimá-la como uma vantagem, uma vez que toda a eternidade pareceria ser então não mais do que uma única noite. Se, por outro lado, a morte é, por assim dizer, uma mudança deste lugar para algum outro, e se o que nos relatam é verdadeiro, ou seja, que todos os mortos estão nesse lugar, que maior bem poderia haver do que esse, senhores juízes? Se alguém quando chega ao Hades, após deixar aqueles que afirmam ser juízes, irá encontrar os que realmente são juízes, e que se diz que ali sentenciam, nomeadamente Minos

34. ...μέγαν βασιλέα... (*megán basiléa*), ou seja, o rei da Pérsia, considerado no tempo de Sócrates e Platão pelas pessoas em geral um paradigma inconteste de sucesso, prosperidade e felicidade.

e Radamanto, Éaco e Triptolemo,[35] além de todos os demais semideuses que foram homens justos em suas vidas, seria essa mudança de lugar indesejável? Ademais, o que não daria qualquer um de vós para encontrar-se com Orfeu, Museu, Hesíodo e Homero? Estou disposto a morrer muitas vezes sucessivas se tais coisas forem verdadeiras, pois de minha parte acharia maravilhosa a vida lá, especialmente ao encontrar Palamedes e Ájax, o filho de Telamon, ou quaisquer outros homens de outrora que perderam suas vidas devido a um julgamento injusto, e pudesse comparar minha experiência com a deles.[36] Creio que isso

---

35. Todos, com exceção de Triptolemo, filhos mortais de Zeus e por este imortalizados. A inclusão de Triptolemo nesse elenco dos juízes do Hades soa estranho, a despeito da grande importância desse personagem ligado especialmente aos mistérios da deusa olímpica da agricultura, Deméter.

36. Palamedes e Ájax foram dois grandes heróis gregos que atuaram na guerra de Troia. Ambos foram duramente injustiçados. Palamedes, que atraíra o desafeto de Odisseu, foi vítima de uma fraude armada por este, julgado traidor dos gregos e apedrejado até a morte. Ájax, o grande merecedor de herdar as armas de Aquiles, foi preterido por Odisseu nessa pretensão. Tomado pela indignação, teve um acesso de loucura que o levou a matar alguns de seus próprios companheiros. Quando voltou ao juízo, suicidou-se lançando-se sobre a própria espada.

não seria desagradável. E o meu maior prazer seria despender meu tempo examinando e investigando as pessoas nesse lugar, como o faço aqui, com o objetivo de descobrir quem entre eles é sábio e quem pensa ser, não o sendo.

Que preço qualquer um de vós, senhores juízes, pagaria pela possibilidade de examinar o homem que conduziu a grande expedição guerreira contra Troia,[37] ou Odisseu, ou Sísifo, ou outros incontáveis, incluindo tanto homens quanto mulheres que eu poderia mencionar? Conversar com eles, desfrutar de sua companhia e examiná-los seria uma felicidade sem tamanho. De qualquer modo, as pessoas lá não matam pessoas que realizam isso. Em outros aspectos são mais felizes lá do que os seres humanos aqui, e por todo o tempo vindouro, se realmente o que nos dizem é verdadeiro, são imortais.

Deveis também, senhores juízes, considerar a morte com esperança, tendo em mente a seguinte verdade, ou seja, que um homem bom não pode ser atingido por nenhum mal na vida ou após a morte, e que suas ações não são negligenciadas pelos deuses. Assim, igualmente, isso que aconteceu a mim não aconteceu por acaso; vejo com clareza que é

---

37. Agamenon.

melhor para mim morrer agora e livrar-me de transtornos. Eis a razão por que o sinal em momento algum interferiu em minha conduta; assim não experimento ira contra aqueles que me condenaram ou meus acusadores. Contudo, não foi esse o propósito de me terem acusado e condenado. Pensaram estar me ferindo e nisso são culpáveis. Tudo que peço a eles é o seguinte: quando meus filhos crescerem, senhores, puni-os causando-lhes os mesmos transtornos que causei a vós; se vos parecer que se importam mais com dinheiro ou qualquer outra coisa do que com a virtude, e se pensarem que são pessoas de importância, quando não são, censurai-os como vos censurei, por não se importarem com o que deviam se importar e pensam que se transformaram em pessoas dignas, quando não são dignos de nada. Se assim agirdes, terei sido tratado justamente por vós, o mesmo tendo ocorrido com meus filhos.

Mas agora é chegada a hora de partirmos. Parto para a morte e vós para a vida. Entretanto, qual de nós caminha para melhor sorte é algo que somente o deus sabe.

Este livro foi impresso pelo Lar Anália Franco (Grafilar)
em fonte Minion Pro sobre papel Ivory Bulk 65 g/m²
para a Edipro no inverno de 2025.